普拉提

从新手到高手

张晓梅 编著

黑龙江科学技术出版社
HEILONGJIANG SCIENCE AND TECHNOLOGY PRESS

图书在版编目（CIP）数据

普拉提从新手到高手 / 张晓梅主编 . -- 哈尔滨：黑龙江科学技术出版社，2020.11

ISBN 978-7-5719-0730-3

Ⅰ . ①普… Ⅱ . ①张… Ⅲ . ①健身运动 Ⅳ . ① G883

中国版本图书馆 CIP 数据核字 (2020) 第 183236 号

普拉提从新手到高手
PULATI CONG XINSHOU DAO GAOSHOU

主　　编　张晓梅
责任编辑　刘　杨
封面设计　李　荣
出　　版　黑龙江科学技术出版社
地　　址　哈尔滨市南岗区公安街 70-2 号
邮　　编　150007
电　　话　（0451）53642106
传　　真　（0451）53642143
网　　址　www.lkcbs.cn
发　　行　全国新华书店
印　　刷　德富泰（唐山）印务有限公司
开　　本　710mm × 1000mm　1 /16
印　　张　9
字　　数　160 千字
版　　次　2020 年 11 月第 1 版
印　　次　2020 年 11 月第 1 次印刷
书　　号　ISBN 978-7-5719-0730-3
定　　价　36.00 元

前言
PREFACE

普拉提不仅是一项运动，而且是一个调节身体和精神的体系，它能够增强体质，提高身体的灵活性和协调性，缓解压力，提高注意力，使人快乐和健康。普拉提基于现代解剖学，是非常有效的减肥方法，练习的重点集中在肌肉等长和等张收缩上，同时强调向心和离心收缩及稳定肌训练，多加锻炼可以让腹部、臀部、大腿的赘肉消失不见。

瑜伽练习后最明显的效果是心情变好，压力缓解；普拉提练习后则可以明显感受到腹部收紧，腰背挺拔。

与瑜伽、太极、有氧操相比，普拉提在身体局部的雕塑方面是独具成效的。它固有的一套核心运动方式和特殊的呼吸配合，将身体的问题部位有序分列，有针对性地对其施力和控制，细微到腰部外侧、大腿内侧、臀部上方、手臂后侧等容易囤积脂肪却又不易消减的部位。

因此，只要坚持练习普拉提，假以时日，必会使身体和心理的状态达到完美的境界。

本书全面、实用、专业，涉及范围十分广泛，各个层次的人都能在其中找到适合自己的练习方法。一册在手，可令读者畅游普拉提的世界。

目录
CONTENTS

高级课程：体验健康之美

附录

感受普拉提之美

『时尚』真是眷顾女人，就拿健身来说，走在潮流尖上的女人们刚刚了解来自印度的瑜伽，眼下又出现了来自德国的普拉提。普拉提传到中国的时间不过两三年，但是由于其独特的健身功效，已经成为女性，尤其是职业女性越来越喜爱的时尚健身运动。在各大健身中心，我们都能感受到如火如荼的普拉提练习热潮。它的动作相对瑜伽更加简单，没有复杂的动作组合，更易于掌握，这可能就是普拉提更受欢迎的原因吧。

Part 1

认识普拉提

Pilates introduction

经常听见很多白领这样说："走，练普拉提去。" 普拉提已经成为当前时尚女性最超前的选择，它不仅可以带来挺拔的身姿和曼妙的身段，而且可以调整心态，塑造优雅、美丽、自信的女人。但是什么才是普拉提呢？我们先来了解一下。

普拉提简介

普拉提？不是希腊的餐后甜点吗？错！这里的普拉提 (Pilates) 可不是吃的，而是能帮助我们拥有平滑的腹部、结实的肌肉和柔韧的身体的一种全新的健身运动。

普拉提的好处就在于不受场地限制，拿块垫子，甚至在地板上就能练习。它既融入了西方人的"刚"——注重身体肌肉和功能的训练，又融入了东方人的"柔"——强调练习时的身心合一。普拉提？或许现在你还觉得陌生，但是你一旦了解它并参与其中，一定会迷恋上它。要知道，凯莉·安妮·莫斯的完美身材离不开一周 5 次练习普拉提。那么什么才是普拉提呢？

普拉提的渊源

普拉提是由德国人约瑟夫·普拉提创立并推广的。一直以来，西方人比较注重身体肌肉能力的训练，比如跑步、滑雪等；而东方人相对注重呼吸和精神方面的练习，瑜伽和太极就是很好的例子。最初约瑟夫·普拉提是为了治疗身体的疾病，才糅合了东方和西方不同的运动理念创立了普拉提。这种锻炼方式把东方的柔韧和西方的力量结合起来，因此得到很多人的认可。它最开始被运动员和病人用于进行功能锻炼或恢复理疗，后来逐渐发展成为一项健身运动。近两年，普拉提也在中国兴起。

普拉提的概念

普拉提是一种肌肉深层的练习，通过一些速度缓慢的动作，较长时间地控制肌肉，达到消耗身体各部位能量的日的。普拉提最独特的地方在于它把练习重心放到了精神层面上，通过呼吸和精神的控制让练习者能直面自己的内心世界。

普拉提的对象

普拉提一直是一些舞蹈演员、体操运动员塑造形体和进行力量强化或者理疗恢复的基础训练方法。但它同样适合我们普通人，普拉提的练习是没有年龄和性别限制的，任何人都可以练习，尤其是腰、腿疼痛的人和缺少运动的人，长时间接触电脑和朝九晚五的上班族更应练习。

普拉提的功效

普拉提通过优美、缓慢、简单的大幅度动作锻炼肌肉，使身体更加纤长和灵活，线条柔软而健美。动静结合的动作安排，使身体既有紧张也有放松，从而强化各器官的功能，增强身体的柔韧性和协调能力。由于普拉提锻炼的核心部位是身体中段，而现在很多人腹部赘肉较多，所以可以通过练习普拉提来减肥。值得一提的是，普拉提运动相对平和，几乎不会对关节和肌肉产生伤害。

普拉提的好处

很多普拉提运动花费的时间甚至不会超过 10 分钟，让那些总说没时间的人也能轻松做运动。不过虽然只需要 10 分钟的时间就可以加强腹部和背部锻炼，但至少要做 10 组动作后才能看到或感觉到它的效果。那么练习普拉提到底有哪些好处呢?

普拉提运动最让人兴奋的一点就是人人都可以做，而且都能达到满意的效果。因为普拉提没有跳跃的或特别激烈的压力性动作，可以让那些因为关节疼痛或肌肉虚弱而不能参与锻炼的人也来参加活动。它便捷到不需要任何笨重的、

昂贵的器材，就可以在任何时候、任何环境下进行运动。当然，普拉提带给我们的好处也是有目共睹的。

柔软脊椎

普拉提可以给脊椎更多的支撑，让脊椎骨之间有更多的空间。这些多余的空间不仅会让身体看起来更加修长，同样可以让脊椎更具灵活性，甚至可以使脊椎从一个坚硬的棍子变成一串珍珠。这样新的柔软的脊椎可以避免脊椎的退化问题。此外，它还可以让我们在活动后体态更加优美。

塑造体形

如果身材走形的话，普拉提就应该参与到我们的任何塑形计划中来。普拉提不会给关节带来任何的压力，不会给关节周围的软骨和韧带带来任何的损伤，尤其是膝关节和肩关节。它只会让肌肉更加协调，把注意力拉回到对自身内在的关注上来。实际上，普拉提更像是在做物理治疗，而不像其他的运动有受伤的隐忧，可以每天都做，而不必担心对肌肉和关节有过多的压力甚至伤害。为了达到锻炼的效果，只需要每周做 3 次普拉提就可以了。但是，必须持之以恒，这是关键所在。

提升精神

普拉提可以促进精神上的健康。平缓和稳定的动作可以让心绪更平静，进而缓解精神压力。它在拉长和加强肌肉功能的时候，还可以帮助促进循环系统的运转，扫除紧张情绪。每一个动作都会让身体感到平静、协调而有活力，并能集中注意力，还可以减轻心理压力，保证身心的全面健康。

协调身体

在四五十岁的时候，身体平衡性会因为肌肉萎缩和神经感觉器官灵敏度降低而退化，普拉提就可通过稳定神经核心而扭转这种老化的过程。练习普拉提还有助于保持身体稳定性，同时让脊椎更加柔软和强壮。

减少疼痛

有人如果因为骨关节炎的疼痛而感到苦恼，可以通过做普拉提来锻炼身体从而减少痛苦。适当地运动对于治疗关节炎是至关重要的，因为它能通过拉伸运动增加身体柔韧性，减少疼痛和疲劳。拉伸还会让营养物质流向肌肉和肌腱，使肌肉健康，将受伤的可能性降到最低。此外，普拉提还可以刺激关节润滑剂的产生，可以让腿、背、颈和肩膀等部位的肌肉放松，缓解疼痛感和紧绷感。

普拉提针对的人群

无论性别，不谈年龄，任何人都可以来做普拉提。普拉提除了有一般的健身效果，对一些疾病的辅助治疗亦是独具效果的。普拉提的针对人群主要有以下几种。

缺少运动的上班族。他们常年坐办公室，从而使肌肉失去力量，脊椎也支撑不住身体，所以容易腰酸背痛，久而久之连身体线条都会走样。普拉提有助于重新伸展他们紧绷的肌肉，好似做深层按摩，同时也能练习肌肉耐力，令身体压力再次平均分布。还有很多人天天“坐拥”电脑，腰围上形成的“游泳圈”越来越大。普拉提锻炼的就是腹部、侧腰部、背部和臀部肌肉，既可减肥，又能减缓心理压力，最适合上班族。

怀孕期的妇女。孕妇也可以跟着导师练习，以加强脊柱的承托力。

身体有疾病者。普拉提运动的创始人约瑟夫·普拉提从小体弱多病，但他在日后工作中，将东、西方的养生方法融会贯通后，佐以自己设计的仪器及运动技巧，创造出了普拉提。所以那些卧床的病人更应该练习普拉提，这样能恢复肌肉力量和控制能力。

专业运动员。现在很多专业运动员也通过练习普拉提来避免或修复运动损伤。

Part 2

普拉提运动须知

The necessary knowledge of Pilates

普拉提最大的特点是简单易学，不仅动作平缓，而且可以针对手臂、胸部和肩部进行锻炼，同时又能增强身体的柔韧性。而且，这项运动不受活动地点的限制，无论是专业健身房还是起居室，都一样可以练习，但练习普拉提要先了解其特点，还要注意一些练习事项，这样才能达到事半功倍的效果。

普拉提的特点

普拉提能在短短几年时间内风靡全世界，很大程度上是由它的特点或者说优势决定的。普拉提的特点主要表现在以下几方面。

综合性

西方人一向注重身体肌肉能力的训练，例如腰、腹、背、胸等部位；而东方人则注重呼吸和心灵集中的训练，冥想、瑜伽和太极就是典型。普拉提把东方的柔韧和西方的刚毅合二为一，它的动作缓慢而清楚，且每个姿势都必须和呼吸相协调。伸展、拉长也是普拉提最重要的训练之一，其特殊之处就是肢体不会在运动后变粗壮，通过对身体核心部位（腰部和腹部肌肉组成，包括腹横肌、腹内斜肌、腹外斜肌、腹直肌、竖棘肌）的锻炼，使脊柱变得柔软而有韧性。所以普拉提运动不但改善了身体线条，还对矫正颈部和脊椎有非常好的效果。

科学性

它吸收了古老的瑜伽和太极的动作精髓，用节奏把呼吸、冥想、柔韧和平衡有机结合在一起，达到伸展脊椎、拉长韧带的作用。

安全性

它的运动速度相对平和，是静力状态的运动，几乎不会产生对关节和肌肉的伤害。同时，动静结合的动作安排，使身体既有紧张也有放松，既有姿势的转换又有坐姿的调剂，这就使锻炼的人更容易控制身体，减少因姿势错误造成的负面作用。

全面性

它借助于哑铃、体操棒、垫子进行交叉的身体训练，虽然动作稳健，看起来也不剧烈，但效果却是全方位的。既有针对手臂、胸部、肩部的练习，又有腰腹部和背部的力量练习，还有增强柔韧性的伸拉训练，因此全面有效。

简易性

动作相对瑜伽要简单一些，它没有复杂的动作组合，简单易于掌握。而且只要身体允许，你可以从任何一个动作开始锻炼，没必要像别的练习那样必须从头练到尾。

挑战性

动作的缓慢，加上肌肉的控制、呼吸的配合，使本来看似简单的动作，做起来有一定的难度。特别是一些复杂的组合动作，身体若没有相当的柔软性，或者以前没有接触过相关训练的人，练习起来极具挑战性。

娱乐性

普拉提的练习环境，配合舒缓优美的音乐，可以使人充分放松，动作的转换则流畅自然，训练者在练习过程中惬意自在，没有过度劳累的感觉。在娱乐中锻炼身体，在运动中感受休闲，这应该是其他一些运动无法企及的特点。

随意性

练习过普拉提的人都知道，普拉

提既可以在家中，也可以在户外，还能在办公室进行练习，不受场地和时间的限制，不受辅助用具的限制，你可以赤手空练，也可以借助相关的物品，如毛巾、垫子、墙壁、凳子等等，随意性很大。

普拉提的呼吸原则

普拉提不同于一般的跑步或太极等运动，要达到身心的和谐统一，呼吸原则相当重要。

一般来说，练习普拉提时要注意的呼吸原则主要有以下几点。

呼吸方式。用鼻子吸气，用嘴呼气，讲究呼气的深度，尽可能运用横向呼吸法。

呼吸速度。呼吸的速度不宜太快，与动作的速度基本一致，不要进行憋气训练。

呼吸原则。运动时呼气，静止时吸气，这样可以缓解肌肉用力时带来的紧张与压力。

呼吸控制。通过控制呼吸，把注意力集中在呼吸上，以减少人对肌肉酸痛的敏感度。

练习普拉提的建议及注意事项

对于初学者，特别是以前没有受过普拉提训练的人，开始学习前有必要听取有经验者给出的建议或诀窍，这样不仅有利于练习者尽快进入状态，还能避免走一些不必要的弯路。另外，也要考虑到运动中的一些注意事项，这会让你做得更轻松，运动效果更明显。

建议

由浅开始。如果没有受过任何普拉提的训练，请先练习一些简单的套路，对于每一个初学者来说，即使是最原始的普拉提动作都是高级的。因此，完成动作时一定要集中注意力，不要松懈，用呼吸掌握动作的节奏。

循序渐进。开始练习时可以慢一些，当你掌握动作的节奏后，可逐渐增加动作速度来增加难度。

身体控制。我们练习普拉提必须很好地掌握正确的动作，用心感觉呼吸和动作之间的相互配合。保持骨盆正确的位置。

注意事项

饮食和穿着。训练前2小时内最好不要进食。因为普拉提中的大部分动作都需要腹部肌肉的参与——或主动发力，或起稳定作用，或协助参与动作的完成。在训练前如果吃得过饱，练习时会影响腹部肌群的参与，并引起胃胀或不适的感觉。训练中要少喝水、慢喝水，尽量不要喝太凉的水。另外，运动时要穿宽松舒适的衣服，不要穿鞋袜。

运动强度。不要总做那些能展示力量的动作。因为这会降低训练更高水平的要求，甚至使身体不能平衡地发展。我们要均衡地练习成套的每个动作，不要只做容易做的，而放弃自己很难做到的动作。而且，在练习过程中和结束后都要密切关注身体情况，尤其是已经有伤的部位和容易受伤的部位。

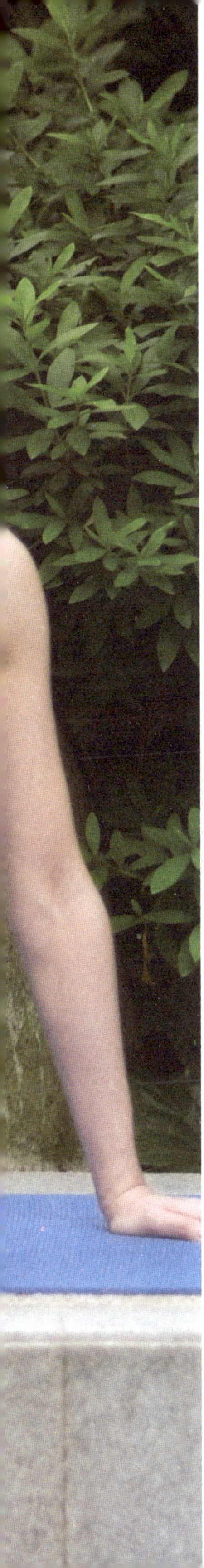

初级课程：用普拉提增添美丽

普拉提是当今时尚的健身方式，其在希腊古语里被称为『午后的甜点』。它适合各种年龄的男女，包括从未参加过体育锻炼的人，只要你愿意，都可以参与，年轻或不再年轻的女士梦寐以求的柔软身体、苗条双腿、平坦腹部，在品尝了普拉提这块『甜点』后，就会轻松拥有。

Part 1

基础动作

Basic actions

当你照镜子时，常常会发现自己肌肉松弛，无弹性，无光泽，肤色暗淡，甚至产生了皱纹，同时精神也不佳。这组基础动作能够加快血液循环，把身体的毒素排出体外，让你的肌肤容光焕发，恢复青春亮丽的光泽。

百分百热身 I

练习次数：3 ~ 5 次。

动作要领：双手上下摆动过程中要收紧腹肌，稳定身体，不要因为手臂动作使身体上下晃动。

▲步骤：

（1）仰卧，双手置于身体两侧，双腿伸直并拢。

（2）吸气，屈膝，使大腿垂直于地面，小腿抬高至平行于地面。

（3）呼气，上半身向上卷起，双手平举平行于地面，抬高头部。

（4）吸气，双手不要放松，有控制地上下摆动 5 次，呼气，上下继续拍打 5 次。重复练习 3 ~ 5 次呼吸回合，还原身体与双腿回地面。

站立前弯

练习次数：3 ~ 7 次。

动作要领：放松脊椎，有步骤地将脊柱逐节放松向下或向上提起。

▲步骤：

（1）站立在垫子上，保持胸、腰、脊椎和双腿成一直线。

（2）呼气，低头，放松双肩及胸腔。

（3）双手垂直向下，上半身逐节向下弯曲。

（4）吸气，脊椎逐节还原向上。

（5）抬高胸部，双肩向上提起，逐渐还原成直立状态。

Part 2

进阶动作

Advanced level actions

这组动作可以刺激并促进消化过程，缓解便秘，从而使皮肤更加富有光泽；消除体内沉积毒素，活肤养颜。

侧弯式

练习次数：3 ～ 5 次。

动作要领：整个过程中，手臂垂直地面以支撑身体，双腿交叉伸直，收腹收臀，让身体重量均匀分布在手臂与双腿之间。

▲步骤：

（1）侧坐在垫子上，左右脚前后交叠，左手支撑于地面上，吸气准备。

（2）呼气，右手叉腰，左手支撑身体成斜支架状，臀部离开地面，双腿伸直。

（3）吸气，臀部略向下沉，但不要坐回地面。

（4）重复练习 3 ~ 5 次，呼气，臀部还原地面后做反方向练习。

开瓶式

练习次数：5 ~ 10次。

动作要领：整个过程中，身体要保持平衡，双腿有控制地交替，同时要伸直向前蹬出的腿。

▲步骤：

（1）仰卧在垫子上，屈双膝，双手抱住膝盖。

（2）呼气，上半身向上卷起，抬高头部。

（3）伸直右腿，双手抱左膝，保持身体的平衡。

（4）呼气，左右腿交替伸展，重复练习 5 ～ 10 次。

（5）双手抱膝，然后还原头部回到地面。

踩单车式

练习次数：3 ~ 8 次。

动作要领：支撑腰背部的手肘要靠拢与肩同宽，将身体托起。注意收紧腹肌并控制双腿的动作。

▲步骤：

（1）仰卧在垫子上，伸直双腿抬离地面与身体成 90°，双手置于身体两侧。

（2）吸气，双手屈肘支撑臀部离开地面。

（3）屈左腿，伸直右腿。

（4）呼气，双腿交替做蹬自行车的动作。

（5）重复练习5～10圈，再做反方向蹬自行车的动作。

（6）伸直双腿，脚尖绷紧。呼气，双手支撑腰背部逐节还原脊柱与身体贴回地面，掌心向下贴紧地面。

中级课程：一招打造『S』形身材

如果你尝试了多种运动仍然无法把粗腰肥臀雕塑得让自己满意，那么试试普拉提吧！只要坚持一段时间，塑身效果一定会让你满意。普拉提通过优美、缓慢、简单的大幅度动作锻炼肌肉，使身体更加纤长和灵活，线条柔软而健美。它还是一种强化内部深层肌肉的运动，是能帮助你拥有平滑的腹部、结实的肌肉、协调而柔韧的躯体的一种全新运动，其独特魅力就在于能迅速展现玲珑的曲线与优雅的体态。

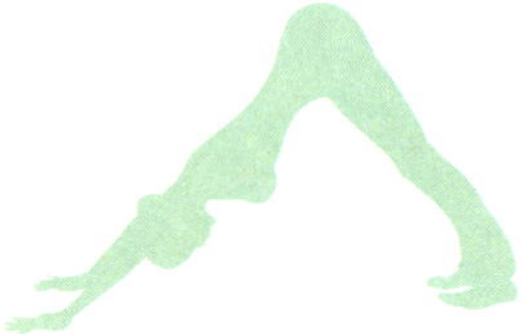

Part 1

收腹

Flatten abdomen

当一个人开始发胖时，大多都是从腹部开始的。因为在日常生活中，走路、跑步、爬楼梯、骑脚踏车等活动，都会有意无意地运动到身体其他部位的肌群，比如腿部、手部、臀部等，唯一的例外就是腹部，除非刻意锻炼，否则这里的肌群几乎不太有机会动，脂肪当然就特别容易驻足。如果你不想腰围越来越大，那就快从现在做起，好好锻炼一下腰腹肌肉。这组动作主要针对腹部，加强腹肌力量，减少腹部脂肪，加强身体核心部位的稳定性。

百分百热身 II

练习次数：3 ~ 5 次。

动作要领：双手拍打过程中要收紧腹肌，稳定身体，不要因为手臂动作使身体上下晃动，同时尽量伸直双腿的膝盖。

▲步骤：

（1）仰卧在垫子上，双腿伸直抬起至垂直于地面。

（2）呼气，平举双臂，抬起头部。

（3）双臂平行于地面，吸气，手臂上下摆动5次，再呼气摆动5次，重复练习3～5个呼吸回合。

（4）双臂与头部还原回地面，腿部保持与地面垂直。

（5）呼气，双腿逐渐向下，腹部用力控制。

（6）还原身体，放松。

仰升上体

练习次数：5 ~ 10 次。

动作要领：收紧腹肌，放松颈部，感觉腹肌的收缩使身体向上。

▲步骤：

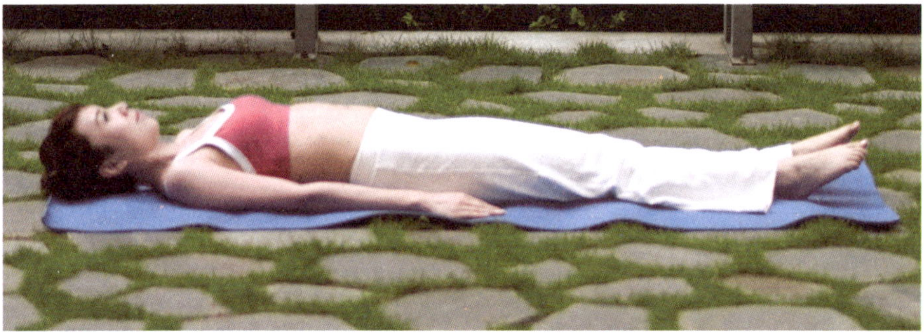

（1）仰卧在垫子上，双腿伸直靠拢，吸气准备。

（2）双手轻轻置于后脑勺的位置，呼气，慢慢卷起上半身。

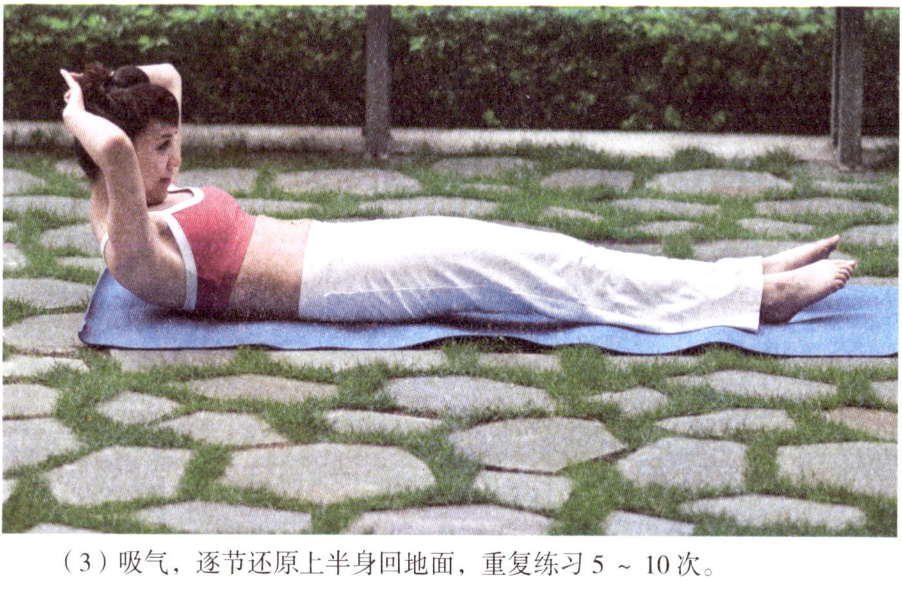

（3）吸气，逐节还原上半身回地面，重复练习 5 ～ 10 次。

抬胸式

练习次数：3 ~ 5 次。

动作要领：放松颈部，头部充分后仰以支撑胸部，收腹以稳定身体。

▲步骤：

（1）仰卧在垫子上，双腿伸直靠拢。

（2）双手屈肘，呼气抬高胸部，头部后仰，头顶碰触垫子，吸气保持。呼气，手肘支撑身体还原身体回地面，重复练习 3 ~ 5 次。

抬胸旋转式

练习次数：4 ~ 8 次。

动作要领：放松颈部，头部充分后仰支撑胸部，收腹稳定身体，同时双腿旋转时要保持髋关节的稳定。

▲步骤：

（1）仰卧在垫子上，双腿伸直靠拢。

（2）双手屈肘，呼气抬高胸部，头部向后仰，头顶碰触垫子，吸气保持。

（3）呼气，抬高双腿，腿部要成直线状态，保持吸气。

（4）呼气，双腿向右开始顺时针画圈。

（5）逐渐向左画圈，注意双腿尽可能伸展，向下时不要碰到地面。

（6）呼气，还原双腿，还原身体回地面。

单腿伸展

练习次数：5 ~ 10 次。

动作要领：整个过程中收缩腹肌稳定身体，双腿伸直有控制地交换。

▲步骤：

（1）仰卧，伸直左腿与地面垂直，吸气准备。

（2）呼气，上半身向上卷起，双手抱住左腿小腿，头部抬起，吸气保持。

（3）呼气，还原身体与左腿回地面，做反方向的练习。

双腿伸展

练习次数：4 ~ 10 次。

动作要领：收缩腹肌控制身体的稳定，双腿尽量伸直。

▲步骤：

（1）坐在垫子上，双腿屈膝，膝盖尽可能向身体方向收拢。大腿尽量贴近胸部，双手抱住大腿后侧，吸气准备。

（2）呼气，双手抓脚踝，伸直双腿，吸气保持。

（3）呼气，双腿向两边打开，重复练习 5 ~ 10 次，还原双腿。

仰卧双腿举球

练习次数：4 ~ 8 次。

动作要领：伸直膝盖，用腹部力量控制双腿夹球上举。

▲步骤：

（1）仰卧在垫子上，身体成一直线，双腿伸直夹球，吸气准备。

（2）呼气，双腿伸直夹球向上与地面垂直。

（3）呼气，双腿夹球向下摆动到与地面夹角为 60° ，重复练习 3 ~ 5 次。

（4）呼气，还原双腿回地面。

夹球立地旋风

练习次数：4～8次。

动作要领：双腿画圈时，骨盆要稳定在地面上，腹肌控制双腿最大幅度慢慢画圈。

▲步骤：

（1）仰卧在垫子上，身体成一直线，呼气，双腿夹球向上至垂直于地面，吸气保持。

（2）呼气，双腿夹球向右开始顺时针画圈。

（3）双腿夹球向下划动。

（4）双腿夹球向左划动，重复练习3～5次，做逆时针画圈，呼气，还原双腿回地面。

夹球百次拍

练习次数：4 ～ 7 次。

动作要领：双手上下摆动过程中要收紧腹肌，稳定身体，不要因为手臂动作使身体上下晃动，同时尽量伸直双腿。

▲步骤：

（1）仰卧在垫子上，身体成一直线。呼气，双腿夹球向上成 90°，抬起头部，双手伸直平行于地面。

（2）吸气，双手上下摆动 5 次。

（3）呼气，双手继续上下摆动 5 次，重复练习 3 ～ 5 个呼吸回合，还原身体回到地面。

夹球平行伸展

练习次数：5 ~ 10 次。

动作要领：腹肌用力控制双腿与身体的高度做平行伸展。

▲步骤：

（1）仰卧，双脚夹球，双手伸直置于头顶前方，吸气准备。

（2）呼气，双脚夹球与双手同时向上抬离地面，双手与双腿平行，头部肩部离开地面，吸气，还原身体，重复练习 5 ~ 10 次。

夹球摆动

练习次数：5 ~ 10 次。

动作要领：骨盆稳定在地面上，不因双腿的摆动而晃动。双腿放松，腹肌控制双腿摆动，摆动幅度一般为 20° 或 40° 。

▲步骤：

（1）呼气，双脚夹球向上，至与地面夹角为 20° ，吸气保持。

（2）呼气，双脚夹球继续向上，至与地面夹角为 40° ，吸气保持，呼气上下交换角度摆动。重复摆动 3 ~ 5 次，呼气，还原双腿回地面。

夹球脊柱扭曲

练习次数：4 ～ 8 次。

动作要领：整个过程中尽量伸直双腿，腹肌控制双腿向上还原。

▲步骤：

（1）仰卧在垫子上，身体成一直线，双脚夹球，双臂伸直打开，掌心向下于侧面平放。

（2）呼气，双腿伸直，双脚夹球向上至双腿垂直于地面。

（3）吸气，双脚夹球向身体左侧降低，头转向右边，呼气，向上还原。

（4）吸气，双脚夹球向身体右侧降低，头转向左边。呼气，向上还原，重复练习 3 ～ 5 次。呼气，还原双腿回地面。

球上卷腹

练习次数：4 ~ 8 次。

动作要领：身体保持稳定，收紧腹肌，不要塌腰。

▲步骤：

（1）臀部坐在球上，双腿屈膝脚掌着地，双手打开置于球上。

（2）双手支撑住球体，身体向后仰躺于球上。找到平衡后，双手重叠置于脑后，身体保持一条直线，小腿垂直于地面，吸气准备。

（3）呼气，上半身向上卷起，双膝维持原状。

Part 2

细腰

Slim waist

什么样的腰最美？不仅仅要纤细，还要有结实的肌肉线条，才称得上完美。可惜的是，维持腰部曲线并不是件容易的事，只有从现在开始锻炼，才能秀出令人称羡的“小蛮腰”。这组动作主要针对腰部，通过身体的前弯、后仰、侧弯、扭转等动作来伸展腰部和髋部肌肉群，从而减少腰围线上与髋部两侧的脂肪。

坐姿扭转

练习次数：4 ~ 8 次。

动作要领：保持腰背部挺直做扭转动作，手臂手肘始终平行于地面。

▲步骤：

（1）坐在垫子上，保持腰背部挺直，伸直双腿。

（2）吸气，双臂伸直向两侧平举。

（3）呼气，身体向右扭转，右手屈肘置于腰后，左手屈肘碰触右肩。

（4）吸气，回正中，呼气，反方向扭转。重复练习 3 ~ 5 次，还原手臂回身体两侧，放松。

旋转

练习次数：4 ~ 8次。
动作要领：在自己的能力范围之内，尽量伸展腰部。

▲步骤：

（1）跪坐在垫子上，挺直腰背，双肩放松，吸气准备。

（2）呼气，低头，双手向前方伸展。

（3）抬起臀部，跪在垫子上。吸气，双手逐渐往左方伸展，带动腰部向左扭转。

（4）双手向身体后方伸展，带动腰部向后扭转。

（5）双手向身体右方伸展，带动腰部向右扭转。

（6）双手向前方，还原成初始动作。

拱桥纤体

练习次数：4 ~ 8 次。

动作要领：向后弯腰时尽量放松颈部，向前推髋关节。

▲步骤：

（1）跪坐在垫子上，双手屈肘置于膝盖前方，双手重叠掌心向下放在垫子上。低头，额头放在手背上，吸气准备。

（2）吸气，逐节抬起上半身，双手置于双脚掌上。

（3）呼气，双臂伸直，双手握住脚后跟。臀部抬起，支撑腰部后仰，成拱桥状。

（4）呼气，还原臀部，上半身逐渐向地面弯曲，头部贴近地面放松。

侧提

练习次数：5 ~ 10 次。

动作要领：收紧髋部上提，不要将所有的力量放在手臂上。

▲步骤：

（1）侧坐在垫子上，左右脚交替前后摆置，左手支撑在垫子上，吸气准备。

（2）呼气，右臂伸直置于右大腿外侧，左手与双脚支撑起身体成斜支架状，臀部离开地面。

（3）吸气，右手向上抬高与地面垂直，头部转向右上方，看右手手指方向。

（4）慢慢还原身体回到垫子上，交换右侧做反方向练习。

穿针引线

练习次数：4 ~ 8次。

动作要领：整个过程要保持身体的稳定，向上提髋部，不要将所有的重量放在手臂上。

▲步骤：

（1）侧坐在垫子上，右手支撑地面，左右脚前后摆放，吸气准备。

（2）呼气，伸直右臂，臀部离开地面，保持身体成一直线。

（3）吸气，伸直左手向天，头部向左，眼睛看着手指的方向。

（4）呼气，左手向下穿过身体与地面的空间，头部也跟着手一起向右扭转。

（5）吸气上提，重复练习 3 ~ 5 次，收回左手置于左大腿外侧，还原髋部。交换左侧做反方向练习。

跪姿侧踢

练习次数：4 ~ 8 次。

动作要领：身体侧倾时要保持肩膀在手臂正上方，臀部在膝盖正上方，整个过程，跪地的大腿要垂直于地面，伸直的腿要平行于地面，前后踢时，臀部不要向下坐。

▲步骤：

（1）跪在垫子上，挺直胸、腰、脊椎，吸气准备。

（2）伸直右腿，同时左手垂直于地面支撑在垫子上，吸气准备。

（3）呼气，右手叉腰，抬高右腿至平行于地面，吸气保持。

（4）呼气，右腿缓慢向身体前方伸直。

（5）吸气，右腿缓慢移向身体正后方，伸直右腿。

（6）呼气，右腿逐渐还原到垫子上。

站姿风吹式

练习次数：4 ~ 8 次。

动作要领：弯腰时，肩膀不要向内含，尽量打开，向正侧方伸展侧腰。

▲步骤：

（1）站立在垫子上，保持脊柱向上挺拔，双手举球过头顶。

（2）呼气，双手举球向左侧弯腰，尽量伸展右腰曲线。注意，身体不要前倾或后仰，与双腿应在同一水平线上。

（3）吸气，向上还原。呼气，双手举球向右侧弯腰，做反方向练习。

站姿转腰

练习次数：4 ~ 8 次。

动作要领：挺直腰背部与地面平行，手臂与背部要成一直线。

▲步骤：

（1）打开双腿站在球的后方，保持脊柱挺拔。

（2）双手举起球过头顶，吸气准备。

（3）呼气，双手夹球带动上半身向前倾，让上半身与下半身成直角，吸气保持。

（4）呼气，双手夹球带动身体向左转动，保持腰脊部挺直、双腿伸直。

（5）吸气回正中，呼气，双手夹球带动身体向右转动，重复练习 3 ~ 5 次，向上还原身体，还原双手。

旁腰压球

练习次数：4 ~ 8次。

动作要领：尽量伸直手臂，拉长侧腰伸展。

▲步骤：

（1）跪立在垫子上，将球置于身体左侧，左手伸直置于球上。

（2）左手屈肘抱住球，胸部、腰部靠在球上。呼气，伸直右臂贴近右耳向左前方伸展，吸气，向上还原。重复练习 3 ~ 5 次，做反方向练习。

球旁侧弯

练习次数：4 ~ 8 次。

动作要领：弯腰时保持臀部稳定，不要下沉。跪立的大腿垂直于地面，手肘尽量向膝盖方向下沉。

▲步骤：

（1）跪立在垫子上，保持脊柱向上挺拔，将球置于身体左侧。

（2）伸直右腿，脚尖与左膝成一直线。

（3）吸气，抬高右手屈肘，右手置于肩胛骨中间。

（4）呼气，向右侧弯腰，吸气，向上还原，重复练习 5~10 次，做反方向练习。

夹球侧腰伸展

练习次数：4 ~ 8 次。

动作要领：弯腰时，肩膀尽量打开，向正侧方伸展侧腰。

▲步骤：

（1）跪坐在垫子上，脊柱向上挺拔，将球置于身体前方。

（2）吸气，双手举球过头顶，伸直双臂，放松肩部，挺直腰背。

（3）呼气，臀部向右移坐到垫子上，双手举球带动腰部一起向左侧拉伸。

（4）吸气向上还原。呼气，臀部向左移坐到垫子上，双手举球带动腰部一起向右侧拉伸。吸气回正中，呼气，还原手臂放下球体。

球上脊柱转动

练习次数：4 ~ 10 次。

动作要领：保持腰背部挺直做扭转动作，手臂和手肘始终平行于地面。

▲步骤：

（1）坐在球上，上半身挺直。双腿屈膝脚掌着地。

（2）吸气，双臂侧平举成直线。

（3）呼气，身体向左后方扭转。左手屈肘置于腰后，右手屈肘指尖碰触左肩，眼睛看向左方。

（4）吸气回正中后，再呼气，身体向右后方扭转。右手屈肘置于腰后，左手屈肘指尖碰触右肩，眼睛看向右肩的后方。吸气回正中，重复练习3～5个回合，还原手臂放松。

Part3

塑背

Strengthen back

普拉提已经成为保持苗条身材和精力充沛的主要帮手。这组动作主要针对整个背部，增加腰背部的力量，从而更好地稳定脊柱，减少背部脂肪，美化背部线条。

天鹅翘首

练习次数：4 ~ 8次。

动作要领：胸部尽量抬离地面，双腿紧贴地面。

▲步骤：

（1）俯卧在垫子上，下巴放在垫子上，双手手心向下置于身体两侧。

（2）吸气，双手向前置于头部前方。

（3）呼气，抬高双臂并带动头部、胸部离开地面向前伸展。

（4）吸气，双臂向上伸展，上半身进一步离开地面，呼气，还原身体回地面。

钟摆脚跟

练习次数：4 ～ 10 次。

动作要领：脚跟有控制地拍打，收紧下腰背的肌肉。

▲步骤：

（1）俯卧，双手屈肘，下巴放在双手手背上，吸气准备。

（2）呼气，抬高双腿向上离开地面。

（3）吸气，脚跟拍打 5 次，呼气，继续拍打 5 次。

（4）重复练习 3 ~ 5 个呼吸回合，双腿并拢。

（5）呼气，还原双腿回地面。

泳姿

练习次数：4 ~ 8 次。

动作要领：身体与双腿控制在同一高度，左右交替摆动，身体不要上下晃动。

▲步骤：

（1）俯卧，双臂伸直置于头部前方，吸气准备。

（2）呼气，双腿与上半身同时离开地面，吸气保持。

（3）呼气，抬高左手与右腿，放低右手与左腿，成泳姿状。

（4）交换左右手与左右腿，重复 1 次。呼气，还原身体与双腿的位置。

双踢腿

练习次数：5 ~ 10 次。

动作要领：伸直双腿，抬高上身时，下身也尽量向上。

▲步骤：

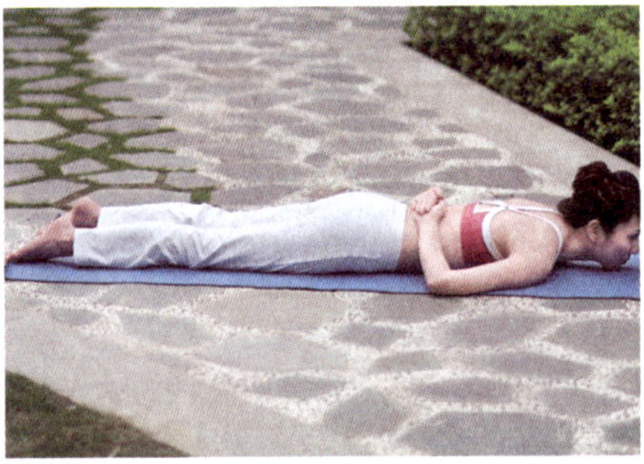

（1）俯卧，双手交叠向后放于腰部，下巴放在垫子上。

（2）双腿屈膝，吸气准备。

（3）呼气，向后伸直双腿，双手向后伸展平行于地面，同时抬高头部、胸部离开地面。吸气，屈膝还原身体回地面，重复练习 5 ~ 10 次，还原双腿放松。

天鹅潜水

练习次数：5 ~ 7 次。

动作要领：收缩背部肌肉，让身体与双腿尽量抬高，动作连贯、流畅。

▲步骤：

（1）俯卧，双手伸直置于头部前方，吸气准备。

（2）呼气，抬高双手，并抬高头部、胸部离开地面，吸气保持。

（3）呼气，双手逐渐向下。

（4）双腿向上抬高离开地面，吸气保持。

（5）呼气，双腿略微向下。

（6）还原身体回地面。

全蝗虫式

练习次数：4 ~ 8 次。

动作要领：手臂向后伸展，尽可能抬高上身与双腿，用腹部支撑身体。

▲步骤：

（1）俯卧在垫子上，下巴置于垫子上，吸气准备。

（2）呼气，双臂向后伸直并平行于地面，双腿与上半身同时抬高离开地面，吸气保持。

（3）呼气，还原身体回地面。

休息式

练习次数：4 ~ 8 次。

动作要领：放松全身肌肉，通过呼吸放松身体。

▲步骤：

俯卧在垫子上，双腿微分开，双手掌心向上放于身体两侧，脸的任意一侧放在垫上，身体完全放松。

球上开肩

练习次数：4 ~ 8 次。

动作要领：伸直手臂，放松颈部，让肩膀自然下沉。

▲步骤：

（1）跪坐在垫子上，球放在膝盖前方，双手轻轻扶住球体。

（2）呼气，双手伸直推球向前，低头压肩。

（3）吸气，慢慢收回双手，带动球回到身前，身体逐渐还原初始状态。

夹球反压肩

练习次数：5 ~ 8 次。

动作要领：放松肩膀，借助球本身的重量向反方向自然沉肩。

▲步骤：

（1）跪坐，球置于身体正后方，双手向后反方向夹球。

（2）吸气，双手夹球并把球体举到背部。

（3）呼气，双臂向上伸，肩膀自然向下沉，额头贴地。

Part4

美腿

Slenderize thighs

有不少中国女性都是一副发育极不均衡的三角形身材：双腿匀称的时候胸部往往是“小瘪三”，而上身刚刚圆满丰润一点，下肢就不可一世地飞扬跋扈起来，特别是大腿外侧，极易鼓出两团赘肉，像挂上的两只口袋，好不恼人！那么，为了能够自信地穿上迷你裙，就从现在开始进行腿部减肥吧！这组动作主要针对腿部，收紧腿部肌肉，减少腿部脂肪，美化腿部肌肉线条，同时还能增加髋关节的灵活性。

单腿踢

练习次数：5 ~ 10次。

动作要领：收紧小腿，脚跟尽量踢向臀部。

▲步骤：

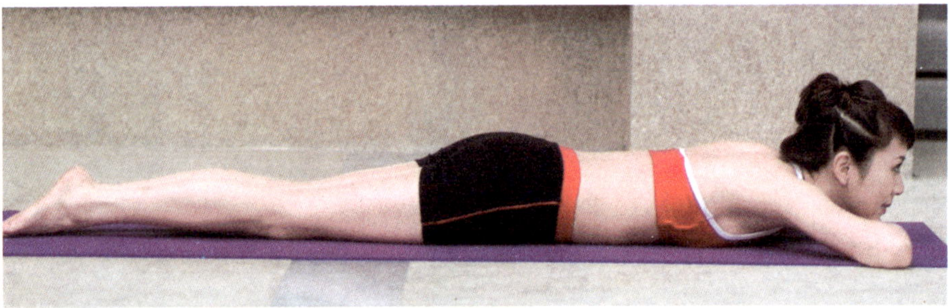

（1）俯卧，下巴置于双手上，吸气准备。

（2）呼气，右腿屈膝向上踢。

（3）接着左腿屈膝向上踢，左右交替重复练习。

单腿画圈

练习次数：4 ~ 8 次。

动作要领：骨盆保持稳定在地面上，伸直双腿，做最大幅度的画圈动作。

▲步骤：

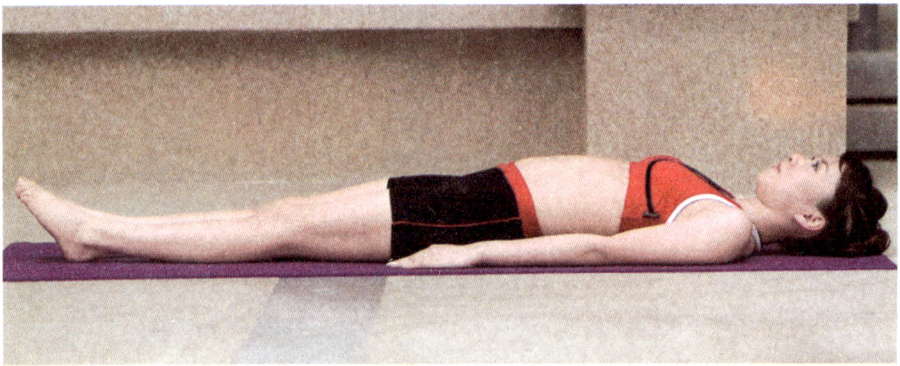

（1）仰卧，身体成一直线，双手掌心向下放于身体两侧，吸气准备。

（2）呼气，左腿伸直抬高至垂直于地面，吸气保持。

（3）呼气，左腿顺时针画大圈。

（4）左腿回到起点位置，然后呼气，开始逆时针画圈。

（5）呼气，逐渐还原左腿，换右腿做反方向练习。

踩单车

练习次数：4 ~ 8 次。

动作要领：腿下滑时，尽量伸直膝盖，收紧腿部肌肉。

▲步骤：

（1）仰卧在垫子上，呼气，双腿向上伸直至垂直于地面。

（2）左腿屈膝，小腿与地面平行，右腿伸直维持原状。

（3）右腿向下滑动，左腿依然屈膝。

（4）左腿向上蹬，作踩单车状。

（5）左腿向上伸直垂直于地面，右腿屈膝。

（6）左腿向下滑动，右腿屈膝作反方向踩单车状。

（7）左腿屈膝，右腿直立垂直于地面，呼气，还原双腿。

平衡上下压

练习次数：5 ~ 10次。

动作要领：骨盆保持稳定并垂直于地面，收紧腿部肌肉，有控制地上下提腿。

▲步骤：

（1）侧卧在垫子上，左手托住头部，右手置于胸前，吸气准备。

（2）呼气，右腿尽量向上伸直，吸气保持。呼气并还原右腿，然后做反方向练习。

跪姿侧踢

练习次数：3 ~ 7次。

动作要领：踢腿的时候要保持肩膀在手臂正上方。臀部在膝盖正上方，整个过程中，跪地的大腿垂直于地面，伸直的腿要平行于地面，前后踢时，臀部不要向下坐。

▲步骤：

（1）跪立在垫子上，挺直胸、腰、脊椎，吸气准备。

（2）伸直右腿，同时身体左倾，左手垂直于地面支撑在垫子上，吸气准备。

（3）呼气，右手叉腰，抬高右腿至平行于地面，吸气保持。

（4）呼气，右腿缓慢向身体前方伸直。

（5）吸气，右腿缓慢移向身体正后方，在此过程中，请尽量伸直右腿。呼气，右腿逐渐还原到垫子上，再做反方向练习。

剪刀腿

练习次数：4 ~ 8 次。

动作要领：支撑腰背部的手肘要靠拢与肩同宽，将身体托起，压低脚尖，收紧腿部肌肉有控制地伸展。

▲步骤：

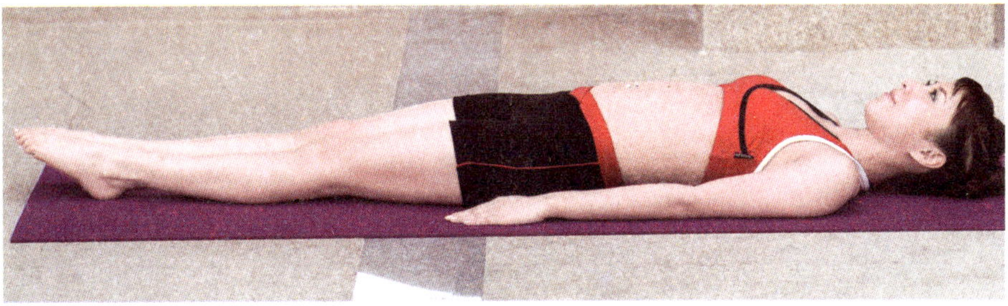

（1）仰卧，吸气准备。

（2）呼气，伸直双腿向上与地面垂直。

（3）吸气，双手屈肘支撑臀部离开地面，伸直双腿。

（4）呼气，左腿靠近胸部，右腿向下打开成剪刀状。

（5）继续呼气，交换右腿伸展。

（6）吸气，
双腿屈膝收回。

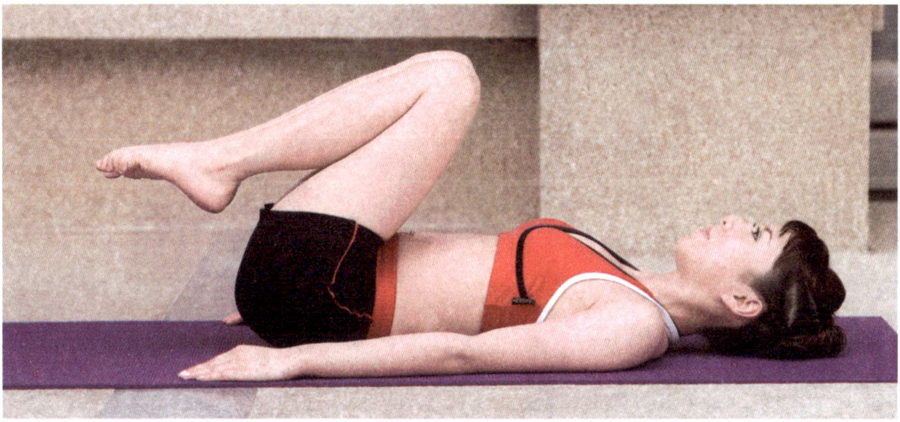

（7）呼气，手部支撑脊柱有控制地还原回地面。

夹球双腿踢

练习次数：5 ~ 8 次。

动作要领：收紧腿部肌肉夹住球，尽量踢向臀部。

▲步骤：

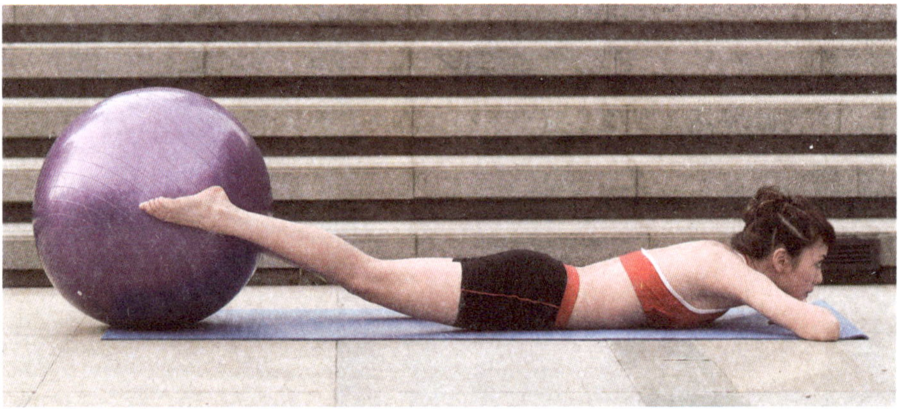

（1）俯卧，双脚夹球，双手交叠置于下巴下方，吸气准备。

（2）呼气，双脚夹球屈膝，球体在臀部上方。

斜支架抬腿

练习次数：4 ~ 8 次。

动作要领：收紧臀肌与腹肌使骨盆稳定在球上，收紧腿部有控制地上下摆动。

▲步骤：

（1）跪立在垫子上，球置于身体右侧。左手垂放于体侧，右手放在球正上方。

（2）伸直双腿，左手放在胸前球体上，右手绕过球体放于地上，掌心贴地。双腿伸直交叉，吸气准备。

（3）呼气，左腿伸直向上平举平行于地面，吸气保持。

（4）呼气，左腿还原到右脚前方，伸直双腿，吸气保持。

（5）呼气，继续上下举腿。

（6）还原左腿，换位做反方向练习。

斜支架前后踢

练习次数：5 ~ 10 次。

动作要领：收紧臀肌与腹肌，使骨盆稳定在球上，收紧腿部，有控制地前后踢腿。

▲步骤：

（1）跪立在垫子上，将球放于身体右侧。右手绕过球体，手掌贴于地面上，双腿伸直，左腿在右腿后交叠着地。左手放在胸前球体上，吸气准备。呼气，左腿抬至平行于地面并伸直，吸气保持。

（2）左腿向前方伸直。

（3）呼气，左腿伸直向后踢，重复练习 5 ~ 10 次。还原左腿，做反方向练习。

夹球侧举腿

练习次数：5 ~ 10 次。

动作要领：收紧双腿肌肉，身体控制在一直线上做向上举腿的动作。

▲步骤：

（1）侧卧在垫子上，左手伸直置于头下，右手屈肘支撑在胸前垫子上，双脚夹球。

（2）呼气，双脚夹球向上抬高至与地面夹角为 30°，吸气保持，呼气还原。

球上伏地单腿画圈

练习次数：6 ~ 8次。

动作要领：收腹夹臂使身体成斜板状压在球上，收紧腿部肌肉均匀缓慢地画圈。

▲步骤：

（1）跪在垫子上，球置于身体前方，双手轻扶球体。

（2）双手伸直，绕过球体置于球前方的垫子上，腹部压球，双脚脚尖着地，保持双腿伸直。

（3）呼气，抬高右腿，平行于地面，保持吸气。

（4）呼气，右腿顺时针画圈 5 次，再逆时针画圈 5 次，呼气还原，交换左腿做反方向练习。

球上单腿蹲

练习次数：5 ~ 10 次。
动作要领：下蹲时，膝盖不要超过脚尖尽可能向下，放在球上的腿尽量伸直。

▲步骤：

（1）站立在球前方约一步位置，双手叉腰，右脚向后用脚背压住球体。

（2）呼气，左腿屈膝下蹲。

（3）吸气，向上还原，重复练习 5 ~ 10 次，交换左腿做反方向练习。

Part5

瘦臂

Slenderize arms

各位美女，是不是想要让手臂修长纤细，但又找不到适合的运动呢？看看下面的几个动作，只要每天抽出5～10分钟就可以轻松地解决你的烦恼了，还不赶快跟着做？这组动作主要针对手臂，促进血液循环，消除手臂和肩膀的僵硬感，保健肩关节；同时伸展手臂肌肉，减少手臂后侧的脂肪。

前置支撑

练习次数：7～8次。

动作要领：整个过程，收紧臀肌与腹肌使身体呈斜板状，不要塌腰而增加脊椎的压力。屈肘向下时手肘夹紧于腰部两侧。

▲步骤：

（1）双臂伸直支撑在垫子上，双手距离一肩宽，双腿伸直脚尖着地，支撑起身体，保持身体成一直线，呈斜板状。

（2）双腿屈膝，膝盖着地，双脚踝交叉。

（3）屈肘，吸气，向下。

（4）呼气，向上。

后置支撑

练习次数：4 ~ 8 次。

动作要领：收腹夹臀向上提起骨盆，手臂垂直于地面，放松颈部，头部放松下垂。

▲步骤：

（1）坐在垫子上，上半身与下半身成直角。

（2）双手伸直置于臀部后方，指尖指向臀部，吸气准备。

（3）呼气，双手用力支撑起身体向上，抬高胸部，头向后仰，伸直双腿。

手臂伸展 I

练习次数：6 ~ 10 次。
动作要领：整个过程中不要低头，尽量将手肘拉向后脑勺的后方。

▲步骤：

（1）跪坐在垫子上。

（2）向上高举双手，伸直手臂，放松肩部，吸气准备。

（3）左手屈肘置于肩胛骨中间，右手伸直。

（4）右手屈肘，右手抓住左手手肘。

（5）呼气，右手抓住左手手肘慢慢向右侧拉动。

（6）伸直左手，右手屈肘。

（7）左手屈肘，抓住右手手肘。

（8）呼气，左手抓住右手手肘向左侧拉动。

手臂伸展Ⅱ

练习次数：7 ~ 8 次。

动作要领：仅需拉动手臂，身体不要向后转动。

▲步骤：

（1）跪坐在垫子上，平举双手于胸前，双手掌心相对。

（2）双臂伸直，将右手手肘置于左手手肘上。

（3）右臂伸直，左手屈肘向上。

（4）呼气，左手手肘扣住右臂向左拉动，尽量拉伸右手臂及右肩。

（5）右臂伸直，将左手手肘置于右手手肘上。

（7）呼气，右手手肘扣住左臂向右拉动，尽量拉伸左手臂及左肩。

（6）左手伸直，右手屈肘向上。

Part 6 翘臀

Firm buttocks

为什么臀部看起来松松垮垮？为什么减肥许久，臀部还是那么多肉？生活中出现这些美臀小危机了吗？这组动作主要针对臀部，旨在收紧并锻炼臀部肌肉，美化臀部的线条，让你的美臀计划不再是梦！

肩桥预备式

练习次数：6 ~ 8 次。

动作要领：收紧腹肌与臀肌，由骨盆开始一点一点上提直到身体成一条斜线，还原时也要有控制地将脊柱一节节地还原。

▲步骤：

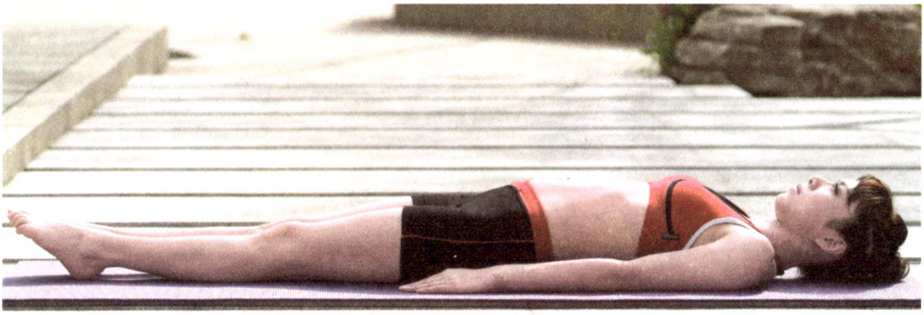

（1）仰卧在垫子上，双手掌心向下置于垫子上。

（2）吸气，双腿屈膝。

（3）呼气，双腿屈膝，抬高臀部离开地面。脚掌着地支撑，吸气保持。

（4）呼气，身体慢慢向下还原。

侧卧单腿画圈

练习次数：5 ~ 7 次。

动作要领：收腹夹臀使骨盆稳定地垂直于地面，在保持骨盆不前后晃动的情况下最大幅度地画圈。

▲步骤：

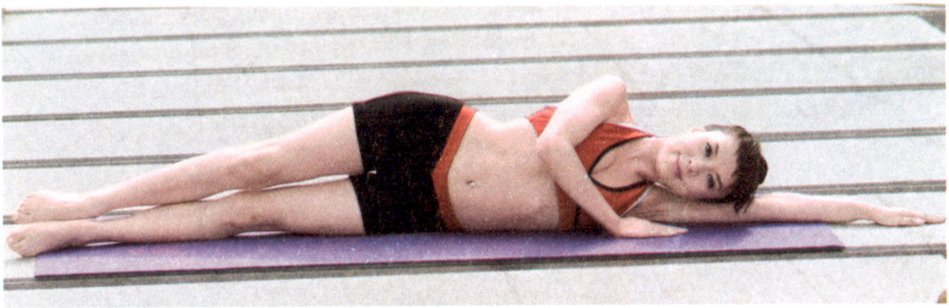

（1）侧卧在垫子上，左手伸直置于垫子上，右手屈肘，手心向下放在胸前垫子上，吸气准备。

（2）呼气，抬高右腿至与左腿夹角为 60°，吸气保持。

（3）呼气，右腿顺时针画大圈。

（4）右腿还原，换左腿做反方向练习。

侧卧前后踢腿

练习次数：6 ~ 10 次。

动作要领：收腹夹臀使骨盆稳定地垂直于地面，在保持骨盆不前后晃动的情况下伸直双腿，有控制地前后踢腿。

▲步骤：

（1）左侧卧在垫子上，左臂伸直置于垫子上，右手屈肘，手心向下放在胸前垫子上，吸气准备。

（2）呼气，右腿向上提至与左腿夹角为 30° 。

（3）呼气，右腿向前方伸直。

（4）呼气，右腿向后伸直。身体还原，换左腿做反方向练习。

背压球

练习次数：4 ~ 8 次。

动作要领：伸直双腿并拢，夹紧臀部向上抬离地面。

▲步骤：

（1）以直角坐姿坐在垫子上，保持脊柱挺拔，将球放在身后。

（2）上半身略向后倾，靠在球体上。

（3）呼气，伸直双臂，双手与双脚支撑住身体，背部靠在球上。臀部离开地面，保持身体成一条直线。

球上蝗虫单腿摆动

练习次数：6 ~ 8 次。

动作要领：整个过程收紧臀部，使身体成一直线稳定在球上，在骨盆贴于球上的情况下，腿最大幅度地上下摆动。

▲步骤：

（1）跪在垫子上，球置于身体前方，双手轻扶球面。

（2）双臂伸直绕过球体放在球前方的垫子上，腹部压球，双脚脚尖着地，保持双腿伸直。

（3）呼气，抬高双腿，平行于地面。

（4）吸气，抬高头部。

（5）呼气，抬高右腿，左腿平行于地面，吸气保持。呼气，右腿向下摆动，重复练习 3 ~ 5 次。换左腿做反方向练习。

球上蝗虫双腿摆动

练习次数：5 ~ 8 次。

动作要领：整个过程收紧臀部，使身体成一直线并稳定在球上，在骨盆贴于球上的情况下，腿最大幅度地上下摆动。

▲步骤：

（1）按照“球上蝗虫单腿摆动”动作描述完成步骤（1）和（2）。呼气，双腿同时抬高，抬起头部，双手臂垂直于地面，吸气保持。

（2）呼气，双腿伸直向下摆动至与地面平行，重复摆动 3 ~ 5 次。还原双腿回地面。

夹球飞翔式

练习次数：7 ~ 8 次。

动作要领：手臂向后伸展，尽可能地抬高上身与双腿，腹部支撑身体。

▲步骤：

（1）俯卧，双手置于身体两侧，手心向上，双脚夹球。

（2）呼气，双臂向后平举，带动上半身与下半身同时离开地面。

球上架桥

练习次数：7 ~ 8 次。

动作要领：伸直双腿靠拢，夹紧臀部向上抬离地面。

▲步骤：

（1）仰卧，双腿伸直并拢置于球上，双手掌心向下置于身体两侧。

（2）呼气，双脚压球，臀部抬高离开地面，吸气保持，呼气还原。

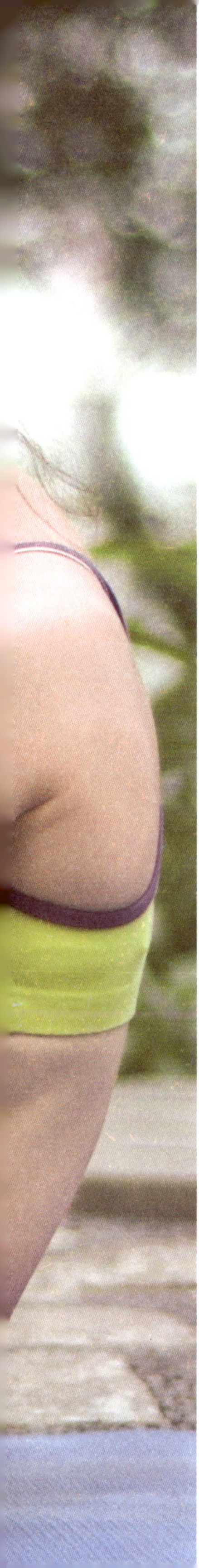

高级课程：体验健康之美

普拉提深受欢迎的原因和它的锻炼功效是分不开的。普拉提动静结合的动作安排，使身体既有紧张也有放松，从而加强身体器官的功能。普拉提运动相对平和，几乎不会对关节和肌肉产生伤害。同时，对于一般运动难以锻炼到的地方，以及久坐造成的肩痛、腰酸或是肌肉不适等问题，都可以通过普拉提运动来锻炼和改善。普拉提运动能够在健体的同时加强机体器官的功能，增强控制、柔韧和协调能力。

Part 1

垫上运动

Actions on mat

这组动作可以综合调理身体，灵活脊柱，消除经常发生的腰背部酸痛与僵硬；调节腹部内脏器官的功能，调节内分泌，预防和辅助治疗疾病，提高身体素质等。

骨盆卷动

练习次数：6 ~ 8 次。

动作要领：双腿伸直并拢，夹紧臀部向上抬离地面。

▲步骤：

（1）仰卧在垫子上，双手掌心向下放在身体两侧。

（2）双腿屈膝，脚掌着地，吸气准备。

（3）呼气，臀部微微离开地面。

（4）继续呼气，抬高臀部。

（5）吸气保持，呼气并慢慢还原臀部。

猫伸展

练习次数：3 ~ 7次。
动作要领：整个过程中保持手臂与大腿垂直于地面，臀部不要下沉。

▲步骤：

（1）跪坐在垫子上，双手置于大腿根部。

（2）双臂伸直置于垫子上，抬高臀部，双臂垂直于地面。

（3）吸气，抬头，塌腰，翘臀。

（4）呼气，拱背，低头。

基本背伸展

练习次数：3 ~ 7次。

动作要领：头保持自然状态，不要上仰或收下巴，仅仅是整个背部收缩伸展。

▲步骤：

（1）俯卧在垫子上，下巴置于垫子上，双手掌心向下置于身体两侧，吸气准备。

（2）呼气，双手掌心向下向后平举，抬起头部离开垫子，吸气保持，呼气还原。

上背伸展

练习次数：5 ~ 10 次。

动作要领：夹紧肩胛骨，手臂伸直向后伸展，尽可能地将身体抬高。

▲步骤：

（1）俯卧在垫子上，双手十指相扣放在臀部上，下巴着地，吸气准备。

（2）呼气，双手向后拉伸带动身体向上离开地面，吸气保持。呼气，慢慢还原上半身回垫子上。

脊柱扭转

练习次数：3 ~ 7次。

动作要领：整个过程保持腰背挺直，只做脊柱的扭转动作。

▲步骤：

（1）身体成直角坐在垫子上。

（2）左腿屈膝，脚掌置于右腿的膝盖右方，伸直右腿。

（3）右腿屈膝，置于臀部外侧。

（4）上半身向右扭转，双手向右移。

（5）左手穿过左腿下方，向后寻找右手并将两手相扣。

（6）吸气，向上伸直左腿，保持上半身直立。

超越卷动

练习次数：3 ~ 7 次。

动作要领：整个过程中，脊柱有控制地一节节地向上卷动和还原，逐节伸展整个脊柱。

▲步骤：

（1）仰卧在垫子上，双手向上伸直置于头顶后方。

（2）吸气，双手向上抬高，头部离开垫子。

（3）双手向前方抬高，抬高头部与肩部离开地面。

（4）呼气，抬高上半身让脊柱逐节离开地面，双手与地面平行，低头。

（5）双手向前方延伸，低头，吸气保持。呼气，再将脊柱逐节还原回地面。

滚动如球

练习次数：4 ~ 7 次。

动作要领：稍稍弯曲脊柱，将身体卷成球状，有控制地前后滚动。

▲步骤：

（1）身体成直角坐在垫子上。

（2）双腿屈膝，双手抱住膝盖窝。上半身挺直，吸气准备。

（3）吸气，身体在垫子上前后滚动，膝盖尽量靠近额头。

（4）呼气，身体离开地面向上还原。

（5）吸气，让臀部、腰部首先回到垫子上。

（6）逐节放下脊柱向地面靠近，保持抱膝姿势，身体前后滚动。

Part 2 球上运动

Actions by ball

瑜伽球针对腹部练习时切记动作要缓慢，同时配合有节奏的呼吸进行伸展、挤压，令肌肉得到有效的按摩和放松，有助于缓解紧张的情绪。

卧球倒立

练习次数：3 ~ 6 次。

动作要领：手肘用力支撑不要让身体翻滚过去，头顶点地，尽可能地将臀部抬高。

▲步骤：

（1）跪立在垫子上，球置于身体前方，双手扶球。

（2）十指交叉，屈肘支撑在球前方的垫子上，腹部压球，双腿伸直，脚尖着地。

（3）吸气，双脚向前移动，顶高臀部，头顶点地，让身体呈倒三角状。

（4）呼气，慢慢还原跪立姿势。

卧球蝗虫式

练习次数：3 ~ 8 次。

动作要领：整个过程收紧臀部，使身体成一直线稳定在球上，双腿伸直，尽可能向上抬高。

▲步骤：

（1）腹部压球，双腿抬高平行于地面。

（2）呼气，抬高双腿，头部向上仰。

附录 Addendum

标准身材衡量法

注重塑造形体的女性会经常测量身体核心部位的围度或长度，但即使这样也只能做到纵向评估，不能科学确认自己的身材是否标准。那么什么样的身材才符合标准呢？

身材是体形的综合概念，即指身高、体重、骨骼结构的比例。肌肉的发达程度、皮脂含量、身体姿势等都是评价身材的综合性指标。任何人体美都必须达到匀称、和谐、协调的标准，各环节基本符合黄金分割的要求，同时辅之以良好的气质、自然的风度等。

一般说来，女性的身材美没有统一和特定的标准，只要具备以下特征皆应视为符合健美身材的标准：体重适中；骨骼发育正常，关节不显粗大凸出；有肌肉，且分布合理，线条流畅、不显粗壮；皮肤富有弹性，皮脂含量在10%～24%范围内；站立时头、肩、臀的位置协调，脊柱正向垂直、侧弯正常；双肩对称、圆润，上身略呈“倒三角”形，腹部扁平，腰部紧、圆、实；臀部圆润上翘；胸部饱满，正视、侧视女性特征明显等。以上可视为女性健美身材的常规标准。此外，结合当今流行的审美观点，一般推荐的目前常用的评价正常成年女子身材是否健美的方法是美学数据法，即定量标准。

其实，体重标准也有年龄上的差异，随着年龄的增长，体重标准的绝对值是逐渐加大的。然而，如上所述，女性身材美是没有统一标准的，“燕瘦环肥”都是美。在数字评价上，我们可用数据作为参考，但在生活中还要以自己的眼睛作为最终的审美器官，因为带着审美意识和思想的眼光才是综合衡量人体身材美的最人性的标准。譬如，同样的尺寸，圆腰与扁腰给人的观感或对人体整体比例的影响也会大相径庭。也就是说，定性的评价与印象有时更能说明问题。

新时尚健身概念

别以为自己的身体总是最棒的，如果不重视，疾病就会时常来骚扰你。整天坐在电脑前，是不是眼睛发涩、手腕关节疼痛、腰及颈椎僵硬、感觉不舒服？开车，或者坐在沙发上看漫长的韩剧，一个姿势窝在那儿，是不是也有同样的不适感？

善待自己，不是给自己锦衣玉食，而是要关注自身健康，让细胞跳舞，让身体舒展，让心灵释放。

全面健身六计

第一计：舒展运动——瑜伽

它是当前最普遍的减压方式。还记得20世纪80年代中央电视台播放的一白衣女子在海边用温柔的南方口音缓慢地讲述着一个个瑜伽动作的画面吧？那时人们生活水平不高，无欲无求、不烦不躁，因此对瑜伽的需求也不高。现在可不同，什么都是快节奏，瑜伽能使我们飞驰的思想慢下来，让压抑的心灵舒展开来。

第二计：伸拉运动——普拉提

它拥有轻柔的音乐、迷人的环境，它比瑜伽的运动量要大，重点雕塑腹部、臀部、胸部和背部，帮助肌肉伸展。普拉提讲究静止中动作的控制和重点部位的塑造，增强肌肉力量又不加大肌肉体积，讲究控制、拉伸、呼吸，适合追求形体美的女性。它的动作缓慢而清楚，每个姿势都必须和呼吸协调，同时把节奏带入了不同的姿势转换中，在美化形体的同时加强机体器官的功能，对矫正颈部和脊椎也有良好的效果。

第三计：平衡运动——水中健身操

吸收了水上芭蕾和陆地健身操的一些特点，并将两者的优点巧妙地结合。因为水中的浮力很大，所以运动时，骨骼关节的压力很小，无须太用力就能加大动作的幅度和角度。水中健身操注重简单动作的重复，讲究节奏和平衡，不仅享受了水的温柔和按摩，缓解了精神压力，还能美化身体曲线。

第四计：力量运动——搏击操

跟从教练的指挥，一群人挥汗如雨、大声吼叫、用力出拳，既能减肥，又能宣泄情绪、释放压力。搏击操讲究力度，追求快、狠、准，直拳、勾拳、摆拳、正踢、侧踢、侧蹬，将拳击、空手道、跆拳道功夫，甚至一些舞蹈动作混合在一起，并配合强劲的音乐，一时成为独领风骚的有氧健身操，这就是搏击操的魅力所在。一节完整的搏击操会消耗2500焦耳的热量，是健美操的2倍，尤其适合脂肪堆积过多的年轻人。

第五计：勇气运动——潜水

水底是美丽的，又是充满危险和诱惑的。去潜水吧！享受这种危险带来的刺激。水流对身体的拍打和冲击是一种按摩，能延缓皮肤松弛老化，使皮肤光滑并富有弹性。潜得越深，从气瓶中呼吸到的氧气就越纯。高纯度的氧气可以解除困乏、减少皮肤皱纹，美容效果很明显。最美妙的是可以享受到“无重力”状态下的自由感。看见头发在水中优美地舞动，身体在水中自由地舞蹈，怎能不赏心悦目？

第六计：防卫运动——合气道

合气道是中世纪盛行的综合性防卫武道和人性化武术，能使练习者在日常发生的事故中有效减免伤害。合气道以擒、摔等动作为主，讲究以柔克刚，以巧制胜，借用对方的力量，采用反关节、固技、投技制服对方。它的修炼理念是仁爱、不争斗和因势利导的处事方式。在锻炼身体的同时，使练习者养成平和、宽厚、自信、勇敢、外柔内刚的性格。